AF588687

EXTRAIT DES BULLETINS

DE LA

SOCIÉTÉ INDUSTRIELLE

DE MULHOUSE.

MÉMOIRE

[illegible] en France, et [illegible] remédier à son [illegible]

MULHOUSE.

[illegible] INDUSTRIELLE

[illegible]

EXTRAIT DES BULLETINS

DE LA

SOCIÉTÉ INDUSTRIELLE

DE MULHOUSE.

MÉMOIRE

Sur la situation du papier en France, et sur les moyens propres à remédier à son état précaire actuel.

Le mal ne vient jamais que faute de s'entendre.
COLLIN D'HARLEVILLE.

C'est un spectacle affligeant que celui qu'offre trop souvent l'industrie, avec l'insuffisance d'organisation qui aujourd'hui la caractérise......

Une incertitude désespérante plane sur l'avenir; personne ne peut compter sur le lendemain, ni le maître, ni l'ouvrier......

Rien n'est stable dans l'industrie ; ce qu'elle offre de permanent, c'est l'inquiétude et le noir souci. Eminemment pacifique, la carrière industrielle a pris l'aspect d'un champ de bataille......

Les désordres qui se révèlent trop fréquemment dans l'industrie, ne prouvent qu'une chose, c'est qu'elle doit cesser d'être sous l'empire de l'individualisme absolu......

Il faut s'efforcer d'inspirer au producteur l'esprit d'association, lui donner le goût et lui procurer les avantages de la solidarité......

Rien ne saurait être plus utile aujourd'hui que d'encourager le rapprochement des producteurs de la même profession, sans cependant paralyser la concurrence, qui est une des forces vitales de l'industrie......

Rien ne serait plus profitable au maintien de la morale publique, que de susciter dans l'industrie le sentiment de l'intérêt collectif......

MICHEL CHEVALIER,

Cours d'économie politique fait au collége de France.

Messieurs,

Il n'est malheureusement que trop vrai : l'industrie du papier se trouve aujourd'hui, en France, dans une position fort critique. Plusieurs établissements n'ont pas pu continuer leurs travaux, et d'autres liquident, malgré une position qui leur permettrait de résister longtemps encore à la crise qui se fait sentir, et d'attendre un meilleur avenir.

La Société industrielle demande aux fabricants de papier un mémoire sur les causes de la situation précaire où se trouve leur industrie, sur les moyens d'y remédier, et leur pose plusieurs questions qui peuvent les intéresser.

Le silence qu'ils ont gardé depuis que ce mémoire est au concours, pourrait faire croire à une indifférence qui est bien loin de nous. Nous ne voudrions pas abandonner une cause, qui paraît à beaucoup entièrement désespérée, mais que nous sommes loin de considérer comme perdue. Nous avons, au contraire, l'intime conviction que quelques efforts bien combinés pourront relever notre industrie, et lui préparer encore un assez bel avenir.

Si nous venons, Messieurs, vous soumettre notre travail, ce n'est pas avec la prétention d'avoir indiqué le remède en même temps que le mal, mais avec le désir que d'autres se soient occupés, ainsi que nous, de réunir tous les documents qui pourront éclairer la papeterie sur ses véritables intérêts, de lui faire voir les causes de son malaise, les moyens d'y remédier, et de la ramener enfin dans une voie plus normale, et surtout moins désastreuse.

On demande :

1° Si cet état de choses tient à la disproportion entre la production et la consommation.

2° S'il y a disproportion entre la production et la quantité de matières premières disponibles.

3° S'il y a des remèdes contre la cherté et la rareté des matières premières.

4° Si les moyens d'exportation ont subi des entraves et sont susceptibles d'amélioration.

5° Un point de comparaison avec d'autres pays.

6° Un point de comparaison entre l'état actuel de cette industrie et son état antérieur.

7° D'examiner les moyens tentés ou proposés pour remédier au mal actuel, notamment les projets d'association entre les producteurs ou détenteurs.

8° D'étudier les causes qui permettent à des pays rivaux, tels que l'Angleterre et l'Amérique du Nord, de tirer des matières premières de localités qui seraient bien plus à portée de la France.

9° Enfin, d'examiner la possibilité de suppléer aux chiffons de lin et de chanvre par d'autres substances.

Sans donner comme rigoureusement exacts les chiffres que nous posons pour résoudre plusieurs de ces questions, nous ne pensons pas cependant être très-éloigné de la vérité.

Nous avons puisé nos renseignements dans les *Documents sur le commerce extérieur*, que publie le ministère de l'agriculture et du commerce. Le *Rapport présenté par M. Jean Zuber fils, le* 17 *Février* 1847, *au comité de l'association de l'Est pour la défense du travail national*, nous a aussi été d'un grand secours.

Nous allons aborder successivement toutes ces questions, développer les causes qui ont amené la crise dont notre industrie souffre en ce moment, et indiquer les moyens que nous considérons comme propres à faire cesser ce malaise.

1re QUESTION. *Y a-t-il disproportion entre la production et la consommation?* — NON.

Il existe en France 200 à 240 machines, dont 40 à peu près sont toujours arrêtées. Nous adoptons donc le premier chiffre. Le produit de ces 200 machines, pour 300 jours de travail de 24 heures, serait de 72 millions de k^{os}, si toutes, comme c'est l'usage dans les établissements les mieux organisés, elles pouvaient travailler nuit et jour et sans autre chômage que celui des dimanches et fêtes réservées. Mais, comme il existe fort peu de papeteries montées de manière à produire journellement et pendant 300 jours, 1200 k^{os}, nous adopterons une production moyenne de 500 k^{os} par machine, soit, pour les 200 à 300 jours de travail, 30 millions de k^{os}.

On trouvera peut-être une trop grande différence entre la production possible pour des établissements bien organisés, et celle que nous adoptons; nous devons l'expliquer. Nous avons dit que les machines montées de manière à produire tous les jours 1200 k^{os}, sont très-rares. Celles même qui peuvent arriver à ce chiffre, éprouvent tous les ans des chômages de deux à trois mois. Beaucoup, moins bien placées, chôment pendant quatre à cinq mois, du 1/4, 1/2, 3/4, quelques-unes entièrement. Beaucoup aussi, outre ces chômages forcés, ne produisent, lorsqu'elles travaillent en plein, que 2 à 300 k^{os} par jour. Nous croyons donc être dans le vrai en adoptant une production moyenne de 500 k^{os} seulement.

Trente millions de k^{os} sembleront cependant difficiles à absorber; vous verrez, Messieurs, que s'il y a assez pour tous les besoins, il n'y a pas trop, et que s'il y a trop, l'excédant n'est pas assez important pour amener une crise comme celle dont on se plaint.

Nous diviserons la consommation en quatre catégories :

1° *Consommation industrielle.*

2° *Consommation administrative.*

3° *Exportation.*

4° *Consommation individuelle.*

La population de la France est de 35 millions d'habitants; nous admettons que le 1/40e seulement emploie le papier; il y aurait alors 875,000 individus pour absorber ce qui ne le serait point par les diverses branches d'industrie et d'administration, et par l'exportation.

CONSOMMATION INDUSTRIELLE.

Papiers peints. En prenant pour base le prix moyen de 2 fr. 50 c. fixé par l'ordonnance du 29 Mai 1826, nous obtenons le résultat suivant.

Il y a en France 150 fabriques de papiers peints, qui produisent pour 8 millions de francs. Nous admettons un prix moyen de 1 fr. par k° pour les papiers livrés à cette industrie par celle du papier proprement dit. En prenant les 2/5 du montant de la production des papiers peints, nous arriverions à un poids de 3,200,000 k^{os}; mais nous en déduisons 1,700,000 k^{os} pour les couleurs, il nous reste donc 1,500,000 k^{os}, soit la production de machines 10

Typographie, lithographie, taille douce, etc. Ces diverses branches produisent pour 31,500,000 de francs, valeur dont nous avons encore à rechercher la représentation en poids de papier. Nous adopterons ici le même prix moyen de 2 fr. 50 c.; par contre, nous porterons le prix moyen du papier à 1 fr. 25 c. Nous prendrons donc la moitié du montant de la production, soit 15,750,000, dont nous déduisons encore 3,750,000 k^{os} pour l'encre, la couleur, etc. Il nous restera encore 12,000,000 de k^{os}, soit machines 80

Papiers de fantaisie, relieurs, cartontonniers, etc. Nous ne les citerons que pour mémoire, quoique leurs produits réunis s'élèvent à 10 millions de francs.

Mais la majeure partie du papier employé par ces industries, rentrant dans d'autres branches, nous ne croyons pas devoir les porter en ligne de compte.

Commerce. En comptant tout ce qu'il emploie de papiers, pour registres, correspondances, etc., etc.; nous ne pensons pas aller trop loin en le portant à machines 10

Journaux et diverses publications périodiques. Cette industrie emploie généralement des presses particulières, et ne peut pas être comprise dans l'article *typographie.* Quant on considère le nombre des journaux, qu'il faut à certains d'entre eux le produit de près de trois machines, à d'autres celui de deux, à quelques-uns celui de une, on ne s'étonnera pas de nous voir porter le chiffre de cette consommation à machines 25

Les établissements d'Alsace consomment en papiers de toutes sortes, au moins le produit de deux machines, nous ne pensons donc pas que ce soit trop d'en compter dix pour toute la France, ci 10

Vous avez remarqué, Messieurs, que nous avons compté 1,700,000 kilo. pour couleurs sur les papiers peints, et 3,750,000 pour encre sur la typographie. Ce dernier chiffre est évidemment exagéré, et nous pourrions encore porter en ligne au moins vingt machines pour cet article. Nous avons aussi négligé les papiers de fantaisie dont le chiffre serait encore assez important. Nous arrivons cependant à l'absorption du produit de 135 machines, et nous n'entrerons pas dans plus de détails pour la consommation industrielle.

CONSOMMATION ADMINISTRATIVE.

Les avertissements des contributions directes font un objet de 2 à 3000 rames de papier de 7 à 8 kilo. chacune, ce qui nous représente en moyenne 20,000 kilo. C'est là la moindre consommation de cette administration, et, si l'on rassemble celles des contributions directes et indirectes, des postes, des tabacs, des eaux et forêts, des douanes, des ponts et chaussées, de l'enregistrement et des domaines, etc., etc., on pensera sans doute avec nous que ce n'est pas trop de dix machines.

Sera-ce trop de cinq pour les divers ministères?

Pour les préfectures, sous-préfectures, mairies, de cinq encore?

Pour les écoles primaires, colléges, cours d'appel, tribunaux, etc., de vingt?

Voilà encore la production de 40 machines, absorbée.

EXPORTATION.

L'exportation, d'après les documents que nous avons cités, et en prenant pour base le prix moyen de 2 fr. 50 c., s'élève à près de 9 millions de kilo., soit à la production de 59 à 60 machines. Mais nous en déduisons les 2/3, que nous considérons comme déjà portés dans les consommations de la typographie, des papiers peints, etc., et ne comptons que vingt machines pour les besoins de l'exportation.

CONSOMMATION INDIVIDUELLE.

Il ne nous reste pour la consommation individuelle, que cinq machines, soit 0.85 par individu.

Quoique nous ayons atténué plutôt qu'exagéré les diverses consommations, nous admettons encore que nous les avons exagérées de vingt machines; nous aurions pour les vingt-cinq une production de 3,750,000 kilo. Admettons encore que les 2/3 seulement en soient absorbés. Sera-ce l'excédant de 1,250,000 kilo. qui pourra amener une crise comme celle où nous sommes?

avoir sur nos prix de vente une influence aussi fâcheuse? Non, sans doute, si c'était là la cause du mal, il serait facile d'y remédier.

D'où vient donc l'encombrement des papiers? D'où vient cette dépréciation continuelle des prix? D'où vient, en un mot, que la papeterie se trouve dans une position si déplorable? C'est ce que nous allons examiner. Vous verrez, Messieurs, une industrie indispensable, qui ne produit pas trop; des produits de laquelle la consommation tend plutôt à augmenter qu'à diminuer, vous verrez, disons-nous, cette industrie marchant à sa ruine, tandis qu'au contraire elle devrait prospérer.

Cette position fâcheuse vient :

1° De l'accroissement trop subit de la production ;

2° De la vente à Paris, presqu'exclusivement par l'entremise de commissionnaires;

3° Du peu d'entente des fabricants entre eux;

4° De différentes causes, enfin, que nous passerons successivement en revue dans le cours de ce mémoire.

Il y avait en France, en 1827, 4 machines.
en 1834, 12 »
en 1844, 250 »
dont 40 à 50 sont presque toujours arrêtées.

Ces chiffres isolés donneraient une idée monstrueuse de l'accroissement de la production, si nous ne nous empressions d'ajouter que la plupart de ces machines ont remplacé des cuves, et qu'il s'est créé peu de nouveaux établissements. On verra plus loin, à la sixième question, dans quelle proportion ce remplacement a eu lieu.

Disons cependant, dès à présent, que la production n'a pas augmenté dans la même proportion que le nombre des machines.

A partir de 1837 nous voyons en peu de temps le nombre des machines se tripler. C'est à la même époque que commence le malaise; c'est alors que les prix de vente ont commencé à fléchir, les prix d'achat à augmenter, et, depuis, le mal n'a fait que grandir.

Le nombre des machines ayant pris un accroissement si subit, il en est naturellement résulté que la production, sans cependant augmenter dans la même proportion, a considérablement, et, surtout, subitement augmenté. De là encombrement.

Presque tous les établissements qui avaient monté des machines, avaient coûté beaucoup plus qu'on ne comptait y mettre. De là commencement de gêne.

De nouveaux fonds de roulement s'engageaient; les frais généraux, déjà hors de proportion avec la masse possible d'affaires, augmentaient encore. De là nécessité de vendre.

Pour la vente en province, les nouvelles machines avaient à lutter avec les anciennes, qui, ayant beaucoup gagné, pouvaient faire des sacrifices. De là baisse des prix, termes plus longs, affranchissements, enfin concessions de toutes sortes, au point qu'on en est arrivé à vendre, sinon avec perte, du moins sans aucun bénéfice.

Mais Paris ne devait-il pas offrir un immense débouché? Oui, sans doute; mais à quelles conditions?

On avait, avons-nous dit, employé pour l'établissement des nouvelles machines, des capitaux beaucoup trop considérables. La difficulté d'écouler rapidement de grandes masses de papier, fit qu'on s'adressa à des commissionnaires qui, riches presque tous, disposant de fonds, ont fait des avances.

Le fabricant, forcé de vendre, vit alors ses produits sacrifiés, au point qu'on a vu des commissionnaires de Paris, vendre en province, à 15 ou 20 0/0 au-dessous des prix de fabrique. Ajoutez à cette dépréciation les frais énormes de commission, ducroire, transport; vous comprendrez facilement qu'une fois entré dans cette voie, le fabricant n'en pouvait sortir qu'avec beaucoup de peine.

Etait-il donc impossible de s'affranchir des commissionnaires ? Nous avons dit comment on était arrivé à eux; nous allons encore vous expliquer comment il se fait que, même en supposant que le fabricant eût été en position de se passer de commissionnaire, celui-ci cependant lui était presque indispensable.

Le consommateur, à Paris, trouve ou croit toujours trouver dans les magasins des commissionnaires, les sortes dont il peut avoir besoin, et ne se préoccupe nullement de ses approvisionnements ; il en résulte que les affaires sont à peu près impossibles de fabricant à consommateur, et qu'il faut un intermédiaire.

Cette habitude du consommateur a un inconvénient bien grave encore. Elle est une des principales causes des encombrements que nous voyons si souvent exister. Lorsqu'il a besoin d'une sorte qu'il ne trouve dans aucun magasin, et cela arrive assez fréquemment, chaque commissionnaire en fait venir, et au lieu de 2 ou 300 rames qu'il faudrait, il en arrive 12 ou 1500, qui resteront des années en magasin, ou bien qui seront vendues au-dessous de leur valeur ; à moins qu'un hasard favorable ne vienne en faciliter l'écoulement ; malheureusement ces hasards se présentent rarement.

Eh bien ! dans le principe, toutes les masses de papier que le fabricant voyait s'accumuler dans ses magasins, ont été dirigées sur Paris, vendues, sacrifiées ! La position du fabricant, loin de s'améliorer, ne faisait qu'empirer ; le désordre se mettait dans la production ; mal renseigné, le fabricant produisait des sortes dont on n'avait pas besoin, tandis qn'il en aurait facilement écoulé d'autres qui manquaient.

Voilà, Messieurs, l'origine de tout le mal, et l'on ne saurait trop se hâter d'y porter remède, si l'on veut empêcher la papeterie de se ruiner complétement. Déjà à Angoulême trois machines sont arrêtées sur vingt-quatre; nous voyons dans le Doubs, en Lorraine, en Bretagne, trois établissements qui liquident pour ne pas compromettre une fortune acquise par de longs travaux.

Une des plaies de notre industrie est dans les longs termes qu'on est obligé d'accorder. Croira-t- on qu'à Paris on fasse généralement 8 à 10 mois de termes ? que, pour certaines sortes, on soit, au bout de 10 à 12 mois, réglé à 4 mois ? que, pour des affaires au comptant, on soit obligé de faire 8 à 10 o/o d'escompte ? C'est encore au commissionnaire que nous sommes redevables de ces longs termes. Peu lui importe, en effet, que le fabricant fasse ou non ses rentrées; lui, fait valoir ses fonds. Mais comment veut-on que le fabricant résiste? cela n'est pas possible. Obligé d'exposer aux chances du commerce sa production de toute une année, son fonds de roulement est triple de ce qu'il devrait être; car, s'il était dans des conditions normales, il devrait pouvoir faire ses rentrées dans les quatre mois de livraison. Ses frais généraux deviennent beaucoup trop considérables, et il doit nécessairement succomber.

On a vu comment il est presqu'impossible de se passer d'intermédiaires. Quelques fabricants ont essayé d'établir des dépôts; les frais, s'ils n'étaient pas plus élevés, étaient aussi forts que chez les commissionnaires; de plus, ces fabricants étaient exposés aux faillites, inconvénient très-grave, et qu'ils n'avaient pas à craindre en mettant leurs produits en consignation.

Parmi les autres causes qui contribuent au malaise de notre industrie, nous citerons: la centralisation administrative, l'état de marasme où se trouve la librairie, la publication par les journaux, des ouvrages de nos auteurs à la mode, les impôts.

La centralisation administrative? Elle enlève une grande ressource aux papeteries de province. Jusqu'à présent chaque administration avait la faculté de faire faire ses imprimés où bon lui semblait. Chacune faisait naturellement imprimer dans la localité, ceux dont elle avait l'emploi; il n'en sera plus ainsi. Ces imprimés viendront de Paris; les fabricants de la province ne pourront plus continuer ces fournitures, qui étaient pour eux un fonds de travail, d'abord, qu'en faisant des sacrifices sur le prix, et, ensuite, en payant des frais de transport considérables; ou bien, ils seront obligés d'y renoncer, sans que cette perte soit compensée par un autre débouché.

L'état de marasme où se trouve la librairie? La contrefaçon belge est pour beaucoup dans les causes, qui, depuis 10 ans, ont fait décliner la librairie française. Il serait d'un très-grand intérêt d'établir un point de comparaison :

1° Entre la consommation de la librairie française avant 1836, et sa consommation actuelle.

2° Entre la production actuelle du papier en Belgique, et ce qu'elle était avant la même époque de 1836.

Le temps nous a manqué pour faire des recherches sérieuses à ce sujet; mais, d'après le peu de renseignements que nous avons pu nous procurer, la consommation actuelle est beaucoup moindre, la production belge beaucoup plus considérable, et celle-ci a augmenté en raison directe de la décroissance de la librairie française.

La publication par les journaux, des ouvrages de nos écrivains à la mode? En effet, avant cette publication dans les journaux, on lisait ces ouvrages en volumes, et il n'y avait pas de cabinet de lecture qui se dispensât de les acheter. Le nombre de ces ouvrages est très-considérable: on les imprimait à quelques milliers d'exemplaires; qu'on réduise seulement au 1/4 ce qui s'imprime actuellement, et l'on trouvera que, sous ce rapport, la librairie a dû beaucoup s'en ressentir et la consommation du papier diminuer sensiblement.

L'industrie en France est en général frappée d'impôts excessivement lourds; la nôtre n'a pas été épargnée. Ces impôts, déjà très-onéreux lorsqu'il y a prospérité, devraient au moins être allégés pour les industries souffrantes.

L'accise en Angleterre paraît avoir été favorable au fabricant; aucun ne s'en plaint.

Nous ne voulons pas dire, cependant, qu'il faudrait adopter ce mode qui peut donner lieu à des vexations; mais c'est une question très-importante, très-grave, qui mériterait un sérieux examen, et dont la solution pourrait amener quelque soulagement pour l'industrie en général, et surtout pour la nôtre, qui en aurait tant besoin.

2e Question. *Y a-t-il disproportion entre la production et les matières premières disponibles?* Non.

3e Question. *Y a-t-il des remèdes contre la cherté et la rareté des matières premières?* Oui.

Nous ne ferons de ces deux questions, qui se relient intimement, qu'une seule question, et l'on verra, par ce qui s'est passé en Lorraine depuis quelques années, qu'il y a suffisamment de matières premières, et qu'il existe des remèdes contre leur cherté et leur rareté.

L'accroissement si subit du nombre des machines, avait fait craindre à beaucoup de fabricants, que les matières premières vinssent à manquer. De nouveaux établissements, travaillant avec des fonds considérables, éprouvèrent la même crainte, et il y eut dans les achats un empressement extraordinaire, qui fut bientôt suivi d'une hausse prodigieuse.

Justement alarmés de cette circonstance, les fabricants de la Lorraine provoquèrent une réunion à laquelle ils appelèrent ceux de la Meuse, de la Moselle, du Doubs, de l'Alsace. Il fut convenu de ne pas dépasser certaines limites pour les prix, et, pour les achats, les quantités que chaque fabricant avait déclaré lui être nécessaires.

Pendant quelque temps la hausse s'arrêta, mais il n'y eut pas de baisse; les achats même étaient difficiles, parce que les détenteurs, qui voyaient une coalition dans ce moyen d'arrêter la hausse, retenaient les matières premières, dans l'espoir que ces conventions ne seraient pas rigoureusement observées. C'est ce qui arriva en effet, et l'on vit bientôt les chiffons s'élever de 40 ou 50 p. o/o.

Dans une pareille position, le fabricant se trouvait dans l'alternative, ou de perdre, ou de cesser ses travaux. Il n'y avait qu'un moyen d'en sortir et on l'adopta.

Une nouvelle réunion fut décidée, dans laquelle un des principaux marchands de chiffons de la Lorraine, duquel on avait cru pouvoir se passer dans le principe, proposa son entremise. Il établit que les quantités disponibles étaient suffisantes pour le rayon, s'offrit comme fournisseur unique, et proposa une baisse immédiate, même sur les quantités qu'il avait en magasin. Ses propositions n'étaient pas à rejeter, on les accepta. Depuis, les prix sont redescendus à des limites abordables. Chaque fabricant reçoit ce qu'il lui faut, et l'on n'en voit plus qui aient des approvisionnements pour 12, 15 et même 18 mois, tandis que d'autres pouvaient à peine se procurer ceux nécessaires au travail courant. Deux années se sont écoulées depuis que cette mesure a été prise, et aucune plainte ne s'est élevée jusqu'à présent.

Nous devons ajouter, toutefois, que, dans ce moment (Novembre 1847), ce fournisseur éprouve quelques difficultés à faire ses approvisionnements. Il les attribue à la cherté des vivres qui a régné pendant près d'une année, et ne doute pas que, sous peu, les choses ne reprennent leur cours ordinaire. C'est aussi notre opinion, mais par un autre motif. Nous avons remarqué que, dans les moments difficiles comme ceux que nous avons passés, les chiffons sont plus abondants, parce que le pauvre fait argent de tout ce qu'il peut, pour vivre. Nous avons remarqué aussi, que, chaque année, à l'époque de la moisson, la cueillette des chiffons est beaucoup moins abondante. Si dans les années ordinaires il en est ainsi, il n'est pas étonnant que, cette année, le même cas se représente.

Un fait assez particulier, c'est que les marchands eux-mêmes se plaignaient de la hausse, prétendant qu'ils gagnaient beaucoup moins que lorsque les chiffons sont à bon marché.

On a fait, vers la même époque, à Angoulême, un essai du même genre; mais il n'a pas aussi bien réussi. Cette non-réussite ne doit pas cependant être attribuée, en entier, aux fabricants de la localité, qui ont vu enlever de leur rayon des quantités considérables de chiffons pour les fabriques d'un autre rayon.

Peu encouragés par cet essai, ils ont peut-être eu tort de ne pas persévérer dans une mesure dont ils avaient cependant déjà commencé à ressentir les heureux effets. Peut-être aussi n'ont-ils pas essayé de s'entendre avec ceux qui venaient leur enlever leurs matières premières. Mais voilà précisément le mal: partout, au fond de toutes les causes qui entretiennent le malaise de la papeterie, se trouve cette circonstance fatale, que les fabricants ne peuvent ou ne savent pas s'entendre.

Pourquoi donc ce qui a réussi sur un point, ne pourrait-il réussir dans une autre localité? dans toutes? Pourquoi chaque rayon, où se trouve un certain nombre de machines, n'aurait-il pas, tous les ans, trois ou quatre réunions, dans lesquelles les fabricants se communiqueraient leurs idées, leurs besoins, les discuteraient? Pourquoi n'y aurait-il pas aussi tous les ans une et même deux réunions générales, où chaque rayon serait représenté? Il nous semble impossible que de pareilles réunions n'amènent pas les résultats les plus favorables.

La papeterie n'a pas de grands marchés pour ses approvisionnements; la moindre demande chez les détenteurs, leur fait immédiatement élever leurs prétentions, et il serait pour tous d'une très-grande importance que chaque papeterie ou chaque rayon concentrât autant que possible ses achats.

La position des papeteries contribue beaucoup au plus ou moins de facilité pour les approvisionnements. Ainsi l'Alsace, bornée d'un côté par la frontière, est de l'autre complétement entourée par un rayon dans lequel on ne compte pas moins de quinze à vingt machines; elle est réduite à elle-même et se trouve, par conséquent, dans la position la plus défavorable. Lorsque les chiffons y étaient rares et chers, elle ne pouvait pas aller en Lorraine, où ils étaient plus rares et plus chers encore. La Lorraine, au contraire, outre qu'elle pouvait, avec avantage, se rejeter sur l'Alsace, avait encore une autre ressource qui manquait à cette dernière : c'était de tirer de Paris une partie de ses approvisionnements, dont le transport lui revient toujours à 4 ou 5 fr. meilleur marché qu'à l'Alsace.

La mesure prise dans les réunions tenues en Lorraine, a fait complétement cesser une guerre dont les frais retombaient sur tous, et dont personne, en définitive, ne pouvait profiter. Cette mesure est à notre avis la meilleure ; nous dirons plus, elle est la seule qui pouvait amener les fabricants à cesser de se faire une concurrence aussi folle pour les achats. Aussi, ne désespérons-nous pas de voir tous nos confrères de France en adopter une semblable, et arriver enfin au même résultat.

4e QUESTION. *Les moyens d'exportation ont-ils subi des entraves ?* OUI, EN CE QUI TOUCHE LE ZOLLVEREIN.

Sont-ils susceptibles d'amélioration ? NOUS LE PENSONS.

L'exportation du papier se fait sous différentes formes. Papiers proprement dits, papiers peints, livres, gravures, etc. Vous avez déjà vu, Messieurs, les chiffres de ces diverses catégories dans le rapport du 17 Février 1847 ; nous n'y reviendrons donc pas. Nous vous avons dit aussi que le poids total s'élève à 8 ou 9 millions de kilogram., dont nous avons pris le 1/3 pour l'exportation du papier. La valeur totale des diverses catégories s'élève à 24 ou 25 millions, et pour la papeterie seule, de 3 à 4 millions, compris dans cette somme.

Les recherches que nous avons faites, nous ont démontré que nos exportations pour les diverses catégories, sont beaucoup plus considérables que celles de l'Angleterre, et qu'il n'y a presque pas de pays où les produits de la papeterie française ne trouvent leur placement. Nous avons pu nous convaincre aussi que les papiers français sont supérieurs en qualité à ceux de presque tous les autres pays.

Nous allons poser quelques chiffres. Les Villes Anséatiques ont reçu dans une année ;

Des Pays-Bas,	pour...	fr.	1,337,000
De France,	»	»	529,000
Du Hanovre,	»	»	501,000
D'Angleterre,	»	»	283,000
De Prusse,	»	»	210,000

L'exportation totale s'est élevée pour l'Angleterre, toutes catégories réunies,

En 1844, à.	fr.	6,596,000
En 1845, à..........	»	7,002,000

Dans les mêmes années, l'exportation française a été, comme nous l'avons dit déjà, de 24 à 25 millions.

L'Angleterre a importé en France,

En 1844, pour........ fr. 662,000
En 1845, » .... » 611,000

La France, dans les mêmes années, a importé en Angleterre,

En 1844, pour....... fr. 1,661,000
En 1845, » .... » 1,733,000

L'exportation anglaise, pour notre pays, a été en diminuant; la nôtre, pour l'Angleterre, en augmentant.

Dans le cours d'une année, la Belgique a reçu des papiers étrangers pour fr. 278,000, ainsi répartis :

D'Angleterre, pour..... fr. 8,000
Du Luxembourg, pour.. » 24,000
De Prusse, pour........ » 39,000
De France, pour....... » 186,000

Elle en a, par contre, exporté pour 363,000 fr., ainsi partagés :

Pour Pays-Bas, pour.... fr. 184,000
» Hambourg, pour.. » 61,000
» le Danemarck, p[r]. » 27,000
» le Brésil, pour.... » 15,000
» l'Angleterre, pour. » 9,000

Ainsi, l'Angleterre en a reçu de la Belgique plus qu'elle ne lui en a envoyé; la France, au contraire, n'a rien reçu de la Belgique et lui en a envoyé vingt-trois fois autant que l'Angleterre.

L'Italie, d'après les documents que nous avons parcourus, fait pour l'Amérique des exportations considérables en sortes spéciales. Ce pays (l'Italie) devrait être pour la papeterie française un débouché assez important.

Nous n'avons trouvé aucun chiffre d'importation en Espagne, et cependant nous savons qu'il s'y fait, en papiers, d'assez fortes affaires; mais cela s'explique: les droits dentrée y sont fort élevés, et, malgré leur poids, les papiers y sont introduits en contrebande. L'Espagne serait pour nous un bon débouché: la papeterie y est peu développée, et les prix y sont assez élevés.

Avant l'établissement du Zollverein, l'Allemagne offrait à la papeterie française un vaste débouché, qui lui a été complétement fermé par des droits de 30 à 35 p. 0/0. La papeterie allemande, grâce à cette protection, a fait de tels progrès, qu'elle suffit à la consommation intérieure. Elle ne tire plus de France que 300,000 kilogrammes environ; par contre, nous n'avons pas trouvé qu'elle fît beaucoup d'exportations. D'après le rapport de M. Legentil, sur l'exposition de Berlin en 1844, la papeterie n'y est pas encore aussi avancée qu'en France.

Angoulême contribue pour beaucoup au chiffre de l'exportation. Sa proximité de Bordeaux, où se fait en grande partie ce commerce, lui facilite ce genre d'opérations. En 1844, elle a écoulé, de cette manière, le 1/3 de sa production. Cependant c'est très-irrégulier, car, en 1845, elle n'a presque rien exporté. Pendant quelques années les Villes Anséatiques ont été pour Angoulême un débouché considérable, auquel, depuis, la difficulté des rentrées a presque fait renoncer.

Au Brésil, le commerce du papier a doublé de 1842 à 1843. Il a passé, en majeure partie, entre les mains des Sardes, qui en ont exclu presque toutes les autres puissances. Cependant l'importation de France n'a pas diminué dans l'ensemble, et nous avons conservé notre supériorité pour les sortes fines.

L'Amérique du Nord, où la papeterie française faisait aussi des placements très-importants, nous est maintenant fermée par des droits fort élevés.

En résumé, nos exportations ont subi des entraves en ce qui touche le Zollverein et quelques autres pays qui ont établi des droits beaucoup plus élevés. Si nous avons aussi vu sur d'autres points nos exportations aller en diminuant, et même cesser tout à fait, ce n'est pas aux circonstances, mais à lui-même que le fabricant doit s'en prendre.

Nous avons dit que nos produits trouvent leur placement dans tous les pays. L'exportation absorbe maintenant à peu près le dixième de la production, en papier proprement dit; mais nous sommes convaincu qu'elle serait beaucoup plus importante, si nos papiers n'avaient pas été discrédités par notre propre faute. On a cru que, pour l'exportation, tout était bon, et l'on n'a exporté que les sortes dont on ne pouvait se défaire en France.

« Nous ne saurions trop recommander (disent quelques rapports officiels sur nos relations extérieures) de se conformer principalement au goût et aux usages des pays avec lesquels on veut établir des relations. »

Mais c'est ce qu'on ne fait pas.

L'amélioration de notre système d'exportations dépend donc en grande partie du fabricant lui-même, qui aurait peu d'efforts à faire pour y arriver. Il lui suffirait de se conformer, pour les qualités, les formats, les poids, etc., aux usages des pays où il voudrait vendre, et de fabriquer, pour l'exportation, des sortes spéciales.

Les fabriques de l'intérieur ne peuvent pas se livrer à ce genre de fabrication ; c'est à celles qui se trouvent à proximité des ports de mer, de s'en occuper. Mais, pour arriver à ne fabriquer que des spécialités, il faudrait moins de désordre dans la production ; il faudrait que les fabricants qui adopteraient ce genre de fabrication, s'entendissent, et eussent la certitude que d'autres ne viendront par leur faire une concurrence aussi absurde que celle qui se fait actuellement sur tous les points de l'intérieur. Mais ici est la difficulté, et nous ne nous chargeons pas de la résoudre.

Quant à d'autres moyens d'amélioration, il y en aurait, nous n'en doutons pas. Mais ceux-là tiennent à des causes tout à fait indépendantes du producteur. Des traités de commerce peuvent seuls nous ouvrir des débouchés avantageux. Nous laissons à d'autres, mieux à même de le faire, le soin de développer cette question, qui ne nous paraît pas devoir entrer dans le cadre de ce mémoire. Quant à nous, nous croyons n'avoir à nous occuper que du développement des causes qui ont amené la crise qui pèse sur notre industrie, et d'indiquer à nos confrères les moyens qu'ils ont entre les mains, et qu'ils doivent employer pour la faire cesser.

Nous devons dire cependant, que, malgré la supériorité de la papeterie française sur celle des pays rivaux, nous ne serions pas partisan d'un système d'échanges aussi large que celui dont on a effrayé l'industrie française pendant quelques mois. Il est douteux pour nous, que notre industrie, malgré les faits que nous avons cités en sa faveur sur la papeterie anglaise, se trouve bien de l'introduction libre en France des papiers anglais, à charge de réciprocité. Y eût-il avantage, nous ne voudrions pas de cette mesure, si elle devait être générale, ni voir favoriser une industrie, fût-ce la nôtre, aux dépens de toutes les autres.

Est-il certain, d'ailleurs, que, la mesure générale étant admise, il y aurait avantage encore? Nous ne le pensons pas. L'établissement du libre-échange mettant l'industrie française aux abois, la papeterie n'éprouverait-elle pas un contre-coup, et ce contre-coup ne détruirait-il pas l'heureux effet de l'introduction libre en Angleterre de nos papiers? Il y aurait encore une autre raison pour nous faire repousser le libre-échange : une fois qu'il serait établi, il est hors de doute que les Anglais, qui ne trouvent pas chez eux suffisamment de matières premières, viendraient faire en France des achats qui y amèneraient inévitablement une très-forte hausse.

Quoique nous ne pensions pas, dans la position de notre industrie, qu'il s'établisse de longtemps de nouvelles papeteries, et, par conséquent, que la production puisse encore augmenter; quoique la consommation intérieure et l'exportation aient jusqu'à présent absorbé notre production, il n'en faut pas moins que l'exportation, nous soit, comme à tout autre industrie, ouverte sur les bases les plus larges. Il faut donc des traités qui nous ouvrent les marchés que des droits trop élevés nous ont fermés jusqu'à présent, sans cependant que ces traités puissent nuire aux autres industries. Mais il faut, avant tout, pour améliorer le système actuel, que le fabricant, s'il veut profiter des débouchés qui nous sont ouverts, se fasse une loi de n'exporter que des sortes propres au pays qu'il veut exploiter, et non celles qu'il n'a pu écouler sur le marché intérieur.

5e Question. *Établir un point de comparaison avec d'autres pays.* Il est assez difficile d'établir un point de comparaison avec l'Allemagne, qui n'a point de bureaux statistiques pour les mouvements du commerce et de l'industrie. Sa production doit à peu près suffire à sa consommation; la papeterie n'y est pas aussi avancée qu'en France, cependant elle y a fait d'immenses progrès depuis dix ans. Sa position est peut-être un peu meilleure que la nôtre. Dans le pays de Baden, chaque fabricant a pour ses approvisionnements un rayon où il exerce un monopole absolu. Dans le nord, le fabricant paye ses matières premières moins cher, et ne les paye qu'après le triage, ce qui lui donne l'avantage d'une qualité sans mélange, et moins de déchet.

Les fabricants d'Allemagne ont fait quelques essais d'association, mais sans résultat.

Nous n'avons pas trouvé dans les documents sur le commerce extérieur, des renseignements généraux sur le nombre des machines. Voici les seuls chiffres qui y soient consignés pour différents pays :

La Russie, 77 papeteries, produisant pour 5,798,000 francs.

La Saxe, 64 papeteries et 7 machines.

La Poméranie, 22 papeteries, ensemble 34 cuves.

La Régence de Dantzick, 12 papeteries, ensemble 17 cuves.

La Suède, 90 papeteries.

La Toscane, 25 papeteries, dont une, très-considérable, ne peut soutenir la concurrence étrangère.

Les États-Romains, 22 papeteries, produisant pour 281,478 francs.

L'Autriche, 40 machines et 940 cuves, produisant 314,000 quintaux, pour une valeur de vingt millions. Le nombre des machines augmente tous les ans pour remplacer des cuves. Les 40 machines sont comprises pour les 2/5 dans la production totale, dont la plus grande partie sert à la consommation intérieure. Les chiffons y sont à meilleur marché, mais moins beaux qu'en France. Les papiers fins, plus chers qu'en France, laissent à désirer sous le rapport de la blancheur et de la pureté.

L'Espagne, 75 papeteries, dans une seule localité, occupant 5000 ouvriers qui produisent pour trois millions de francs de papier pour cigarettes; elle a de plus six ou huit machines.

Le grand-duché de Baden, 12 ou 15 machines. Les documents déjà cités ne disent rien à ce sujet, mais nous savons positivement que ce nombre existe. Nous n'avons rien trouvé qui puisse nous guider pour le nombre des machines dans le Zollverein; il est déjà très-considérable.

L'Angleterre a 600 machines, produisant pour 85 à 90 millions de francs. Si l'on considère que sa population est moins forte que celle de la France et qu'elle n'exporte que pour 6 à 7 millions de francs, on trouvera sans doute que cette production est hors de toute proportion. Cependant, en songeant à l'immense développement de son industrie, de son commerce, on trouvera que cette production peut être absorbée. L'Angleterre doit consommer pour enveloppes, emballages, une quantité prodigieuse de papier; ses administrations, ses colonies, doivent en absorber une immense partie, non comme exportation, mais comme emploi. Tout porte d'ailleurs à croire que la production n'excède pas les besoins; jamais la papeterie anglaise n'a eu à supporter de crise aussi désastreuse que celle dont nous souffrons actuellement.

En Angleterre, comme on le sait, le dimanche est rigoureusement observé; les papeteries ne font pas exception. L'industrie des papiers y est, comme toutes les autres, établie sur un pied colossal. En France, une papeterie de 2 machines est considérée comme un grand établissement; en Angleterre, il y en a qui occupent 12 et même 14 ou 15 machines.

Nous aurions de la peine à nous faire l'idée

que, sur sa production aussi énorme, elle exporte seulement la faible partie que nous venons d'indiquer, si les renseignements, sur lesquels nous nous basons, n'étaient officiels.

La production de l'Amérique est loin d'y suffire à la consommation; aussi ce pays est-il un des points avec lesquels on aurait dû principalement chercher à rétablir des relations qui paraissent avoir perdu de leur importance, depuis quelques années, plutôt par la faute des envoyeurs que par tout autre cause. Maintenant il est trop tard ; les droits d'entrée ont été portés à un taux qui ne permet plus d'y faire des envois, et un de nos confrères qui vient d'y faire un essai, n'a pas été heureux.

Nous ne croyons pas devoir parler des industries auxquelles le papier sert de matière première. Nous dirons cependant que les papiers peints auraient un immense intérêt à voir baisser les droits pour l'Angleterre, le Zollverein, l'Espagne. Les facilités que cette industrie aurait d'introduire ses produits dans ces pays, exercerait une heureuse influence sur la papeterie proprement dite, parce que les papiers exportés sous cette forme ne resteraient pas sur les marchés français.

Toutefois, ainsi que nous l'avons dit dans la

question précédente, un traité qui ouvrirait à l'industrie des papiers peints, les portes de ces trois pays, ne devrait pas, à notre avis, être conclu au détriment d'autres industries.

6e Question. *Établir un point de comparaison entre l'état actuel de la papeterie, et son état antérieur.* Avant qu'il y eût tant de machines, la position du fabricant était, sans contredit, plus facile. Il y a vingt-cinq ans elle était belle; il y a quinze ans, elle était encore passable. On a vu comment la papeterie en est arrivée où elle est, et nous ne nous arrèterons pas longtemps à établir que la position d'autrefois valait, quant aux résultats, infiniment mieux que celle d'aujourd'hui.

Les matières premières étaient à meilleur marché; on se les procurait plus facilement; les papiers se vendaient plus cher, on vendait plus vite et surtout à des conditions moins onéreuses. Les frais généraux, le fonds de roulement étaient moins considérables, les termes beaucoup moins longs, et le fabricant, sans produire autant qu'actuellement, se trouvait dans une position beaucoup plus favorable.

Entrerons-nous maintenant dans quelques détails de fabrication? Nous le croyons inutile, et nous craindrions, Messieurs, d'abuser de vos moments. Vous avez tous été à même de voir fonctionner l'ancien et le nouveau système, et d'apprécier les avantages et les inconvénients que chacun d'eux peut présenter.

Le plus grand nombre des machines existantes a remplacé des cuves; celui des nouvelles papeteries est très-restreint. On peut compter, en général, sur quatre cuves pour une machine. Chaque cuve pouvait produire 75 kilo., soit 300 kilo. par jour, par 4 cuves; la machine qui les remplace produit 500 kilo., l'augmentation n'aurait été que de 2/5: admettons 50 pour o/o. Or, si la production a augmenté de 50 p. o/o, il est incontestable que la consommation a augmenté dans une proportion au moins égale.

Il existe bien encore quelques cuves; nous manquons de renseignements positifs à cet égard, mais nous ne pensons pas que celles qui existent encore, puissent exercer une grande influence sur la papeterie.

On reproche beaucoup au papier mécanique d'être moins bon que le papier à la main, et on attribue ce défaut de qualité à l'emploi du coton, comme matière première; à cet égard on est dans l'erreur. Avant l'introduction du système continu, on employait dans les papiers la même proportion de coton qu'à présent. Mais, à mesure que les prix de vente sont tombés, l'acheteur est devenu plus difficile, ses prétentions se sont élevées, et il a fallu, pour pouvoir livrer des papiers blancs aux bas prix qui étaient offerts, employer des chiffons de qualité inférieure. La décoloration de ces chiffons ne pouvait s'opérer que par des moyens très-actifs qui en altéraient le nerf; il ne faut donc pas s'étonner que, dans le principe, la qualité du papier mécanique n'ait pas été aussi bonne que celle du papier à la cuve. Ce défaut de qualité tenait aussi à un manque d'expérience; mais on a fait, sous ce rapport, de très grands progrès, et bientôt, nous l'espérons, la qualité du papier mécanique ne laissera plus rien à désirer.

Nous n'ajouterons que quelques mots: on veut du bon et à bon marché; or, il est certaines limites que le fabricant ne peut pas dépasser. Après avoir épuisé tous les moyens de fabrication, il a, nécessairement, été obligé, pour vendre à meilleur marché, de diminuer le poids des rames. Ainsi, les papiers *écoliers*, qu'on ne faisait pas autrefois au-dessous de 5 kilo., se font maintenant de 3 et de 3 1/2 kilo. Il est évident qu'un papier si mince ne peut pas faire le même usage qu'un papier plus fort.

Nous nous arrêtons, Messieurs; cette question de l'état actuel comparé à l'ancien, n'a pas beaucoup d'importance, et nous passons à la question suivante, sur laquelle, à notre avis, repose tout l'avenir de la papeterie.

7e Question. *Examiner les moyens tentés ou proposés pour remédier au malaise actuel, notamment les projets d'association entre les fabricants ou détenteurs.*

Nous avons dit, Messieurs, que nous considérons cette question, comme la plus importante dont nous ayons à nous occuper.

En effet, après avoir établi que la production n'excède pas la consommation; après avoir prouvé qu'il y a des remèdes contre la cherté et la rareté des matières premières; après avoir démontré, enfin, que, malgré des conditions qui devraient nous faire rester dans une position favorable, nous sommes, au contraire, dans une crise des plus désastreuses, toutes les autres questions nous paraissent, à côté de celle-ci, ne présenter qu'un intérêt bien secondaire.

Nous pensons qu'une industrie qui ne produit pas trop, à laquelle la consommation intérieure doit suffire, dont l'exportation enlève au moins le dixième des produits, qui se trouve encombrée et éprouve dans ses prix une dépréciation que rien ne justifie; nous pensons, disons-nous, que cette industrie doit, avant tout, rechercher la cause du mal, et le combattre de tout son pouvoir. Ce n'est donc pas le cas de se plaindre, mais d'agir.

Qu'a-t-on fait, jusqu'à présent, pour remédier au mal? Rien. On a fait, au contraire, tout ce qui pouvait l'aggraver: concurrence aveugle qui ne calcule pas, production aveugle qui produit sans savoir si elle aura le placement de ses produits. Sont-ce là des moyens de changer la position? Non, sans doute, et, quoi qu'il soit pénible pour nous de le dire, nous n'hésitons pas à affirmer, qu'ici encore, comme pour l'achat des matières premières, comme pour l'exportation, le fabricant est en grande partie cause de la position où il se trouve.

Quels moyens a-t-on tentés ou proposés? Jusqu'à présent, à notre connaissance du moins, on en a proposé deux seulement. L'un consistait à racheter des usines, et vous devez, Messieurs, vous rappeler avoir eu communication de ce projet, l'an passé. Nous ne le discuterons pas, parce qu'il ne paraît nous offrir aucune chance de succès. Il faudrait, pour réunir l'unanimité des fabricants de France, et, en supposant qu'on voulût détruire le 1/4 des machines en activité, il faudrait que les 150 autres fissent chacune une dépense de peut-être 50,000 fr. Or, il est peu de fabricants qui, dans la position de notre industrie, consentissent à faire un pareil sacrifice. D'ailleurs rien ne garantirait qu'après avoir détruit ces cinquante machines, il ne s'en établirait pas cinquante autres. Ce projet ne nous semble donc mériter aucune attention.

L'autre était plus sérieux, plus raisonné, et nous croyons qu'on ne s'y est pas arrêté assez attentivement. Quelques fabricants ont élevé des prétentions tellement inadmissibles, qu'on s'est vu dans la nécessité d'abandonner un projet, dont l'exécution devait avoir, pour la papeterie, les suites les plus heureuses.

Il s'était formé à Paris, au capital de 15 millions, une compagnie générale de consignation, qui voulait réunir dans ses mains toutes les consignations faites jusqu'à présent aux commissionnaires.

Nous ne nous arrêterons pas à discuter les statuts de la compagnie; nous nous bornerons à en examiner l'art. 16, qui a soulevé une opposition presque unanime.

Par cet article 16, la compagnie prétendait imposer à ses adhérents l'obligation de vendre, en province, aux prix qu'elle avait fixés pour

Paris. Elle exigeait sur les ventes en Province une prime de 4 p. o/o, sous le prétexte que les prix fixés devenant obligatoires pour ses adhérents, ceux-ci feraient en province des bénéfices dont elle serait naturellement l'auteur. C'était fort bien pour les fabricants de Paris et des environs, qui voulaient eux-mêmes surveiller leur vente, tout en déposant leurs papiers dans les magasins de la compagnie. Nous comprenons jusqu'à un certain point, qu'elle ait exigé de ces fabricants une prime de 4 p. o/o comme droit de magasinage, quoique, sous ce rapport, cette prime nous paraisse bien élevée.

Mais était-il naturel d'imposer en province le même prix qu'à Paris, lorsqu'on ne voulait, ni ne pouvait pas garantir le maximum de ce prix, sans ouvrir la porte à une foule d'abus? Etait-il juste que le fabricant de la province, qui se trouvait éloigné des magasins de la compagnie, privé des avantages qu'elle offrait aux fabricants de Paris, exposé aux faillites, obligé à des frais de voyage pour le placement de ses produits, en lutte avec une concurrence d'autant plus redoutable qu'il se trouvait en face de fabricants non adhérents, était-il juste qu'il payât à la compagnie *un droit de magasinage de 4 p. 0/0*? Certes non, car, au lieu d'améliorer sa position, il l'eût rendue beaucoup plus mauvaise.

La compagnie devait et pouvait, à notre avis, renoncer à toute prétention sur la province, et borner ses opérations à Paris, où son établissement ne présentait aucun caractère de coalition. Si, au contraire, elle voulait exercer son influence sur toute la France, elle devait établir, dans chaque grande ville, un dépôt qui aurait servi de centre à un certain nombre de papeteries. Ces dépôts auraient pu renseigner exactement la fabrique sur les besoins du moment, et établir dans la production, l'ordre et la régularité, sans lesquels elle ne pourra jamais bien se faire. Peut-être nous dira-t-on que ce moyen présentait un caractère de coalition, qu'on n'aurait pu trouver dans la concentration des opérations à Paris; peut-être, aussi, nous fera-t-on l'objection qu'il aurait fallu un capital double, pour opérer dans ce sens.

Quant au caractère de coalition qu'on aurait pu voir dans l'établissement de tous ces dépôts, il faut bien qu'on se dise, qu'il ne s'agissait pas ici de faire hausser nos prix de vente seulement, qu'il n'y avait aucune idée de monopole, mais le désir bien légitime de remettre notre industrie dans des conditions plus favorables, en un mot, qu'on cherchait à la faire revivre. Et c'est tellement vrai, cela était si bien dans les intentions de la compagnie, qu'un article de ses statuts disait formellement *qu'il y aurait lieu de réviser les prix de revient, en cas de variation de 10 p. 0/0, en plus ou en moins, dans les prix des matières premières.* Quant à l'augmentation du capital, nous croyons qu'elle eût été inutile, et que 15 millions eussent suffi pour opérer sur toute la production, au lieu de n'opérer que sur la moitié, à peu près, qui se consomme à Paris. La compagnie voulait faire des avances de 65 p. o/o, sans intérêt, sur les prix de consignation fixés par elle. C'est beaucoup, et 30 ou 35 p. o/o nous auraient déjà paru un très-bel avantage. Elle aurait pu porter ses avances jusqu'à 65 p. o/o, mais, en faisant payer un intérêt de 3 ou 4 p. o/o sur la moitié de ces avances, à ceux des fabricants qui, par des circonstances quelconques, auraient pu avoir besoin de recourir à ses capitaux. 30 ou 35 p. o/o sans intérêt, 30 ou 35 p. o/o avec un faible intérêt, auraient été, pour le fabricant, un bel avantage et une grande facilité; la compagnie n'eût eu d'improductive que la moitié du capital qu'elle voulait avancer dans le principe, et aurait pu étendre ses opérations sur toute la France, sans augmenter considérablement son capital primitif.

Nous croyons qu'en s'organisant d'après ses

statuts, elle aurait fait une très-belle spéculation, et nous sommes d'autant plus porté à le croire, que nous avons vu des fabricants s'empresser de demander des actions. En examinant attentivement ses statuts, nous avions été convaincu qu'elle convoitait de trop brillants bénéfices; nous n'avions, certes, pas la prétention qu'elle n'en fît aucun; sa prospérité, au contraire, garantissait la nôtre; mais nous étions arrivés à ce singulier résultat, qu'un papier vendu en province, aux conditions de la compagnie, et dont le prix de revient eût été fixé par elle à fr. 0.90, le prix de consignation à 1 fr., le prix de vente à 1 fr. 10 c., n'aurait produit au fabricant que fr, 0.93, malgré les 2/5 qu'elle lui accordait sur le bénéfice qu'elle prétendait faire.

En renonçant, à ses prétentions sur la province, ou ne s'organisant de manière à exploiter toute la France, elle aurait amené la presque totalité des fabricants à lui confier leurs produits, et elle aurait encore, en leur laissant une plus large part, fait une spéculation magnifique. Nous ne désespérons pas de voir cette idée reprise, et amener une solution favorable.

Pourquoi, à défaut de cette compagnie, les fabricants ne chercheraient-ils pas à s'affranchir des commissionnaires, en établissant des dépôts communs qui, de 8, 10, 12 p. 0/0 et quelquefois plus encore, réduiraient les frais à 2 ou 3 p. 0/0? Pourquoi les fabricants d'un certain rayon ne confieraient-ils pas la vente de leurs produits à une même maison? Pourquoi ce qui a si bien réussi pour l'achat des matières premières, n'obtiendrait-il pas le même succès pour la vente des papiers? Il semble que la réalisation d'une pareille mesure ne présente pas des difficultés insurmontables. Rien ne s'oppose à ce que six, huit ou dix fabricants se réunisent, s'entendent pour envoyer à un centre commun de vente, une, deux ou trois sortes spéciales. Cet arrangement permettrait à de pareils dépôts d'avoir un assortiment très-varié, et n'exciterait pas entre les déposants cet esprit d'envie et de concurrence qui nous fait tant de tort, et qui, dans le fait, ne devrait pas même exister, puisque la production trouve son placement. Nous ne saurions trop le répéter, il y a presque toujours encombrement à Paris, et très-souvent on a de la peine à s'y procurer les sortes dont on aurait besoin.

On trouvera peut-être qu'un pareil établissement présenterait de grandes difficultés; nous ne le pensons pas et croyons, au contraire, que la force des choses amènera le producteur à en faire l'essai.

La position est mauvaise, et l'on ne fait rien pour en sortir ; mais il faudra bien qu'on finisse par s'entendre, et que l'esprit d'association nous amène enfin à tenter quelque moyen de nous sortir du mauvais pas où nous sommes : il est triste de voir une industrie se ruiner, parce qu'elle ne sait pas s'organiser.

Nous n'abandonnerons pas cette question, Messieurs, sans proposer un moyen qu'il serait très-facile d'adopter, et qui n'apporterait d'autre changement dans les habitudes de la papeterie, que celui de faire comme les autres industries, et qui consiste à se reposer le dimanche.

Il n'y a peut-être pas de machine qui, pour diminuer ses frais généraux, ne travaille ce jour-là. Supprimez ce travail, du samedi à minuit jusqu'au dimanche à la même heure, vous arrivez immédiatement à une diminution de 1/6 dans la production. Supprimez-le seulement du dimanche matin au dimanche soir, la diminution sera encore de 1/12. Croit-on qu'une pareille mesure n'aurait pas un effet des plus heureux ? Et qu'on ne nous dise pas que c'est impossible, qu'en diminuant la production, on augmentera les frais généraux, et qu'il sera difficile de surveiller les papeteries sous ce rapport.

Quant à l'augmentation des frais généraux, nous répondrons qu'on la compenserait amplement sur les prix de vente, sur l'achat des matières premières et sur les termes qu'on parviendrait enfin à réduire.

Quant à la surveillance, rien ne nous semble plus facile et moins coûteux. Que chaque rayon où se trouve un certain nombre de papeteries, choisisse un inspecteur parmi les fabricants eux-mêmes; que chaque fabricant, en adhérant, souscrive une amende de 3, 4 ou 5 mille francs, qui serait mise en circulation à la première infraction; vous arriverez certainement à votre but. Vous n'aurez pas beaucoup de frais, parce que la personne chargée de cette surveillance pourra l'exercer sans un déplacement trop long, et cette surveillance pourra se faire mieux, parce qu'elle pourra être plus fréquente. C'est, à notre avis, un moyen simple et facile, qui ne laisserait pas que d'exercer une très-grande influence sur la papeterie.

On nous a demandé s'il ne faudrait pas réclamer une loi; non, à notre avis. Nous croyons que le bon sens du fabricant doit lui faire une obligation de supprimer ce travail, et que la raison seule doit l'amener à cette mesure.

Une réforme qui est réclamée depuis bien longtemps, la réduction et l'uniformité de la taxe des lettres, ne serait pas sans influence sur notre industrie. Elle a donné en Angleterre une grande impulsion à la consommation du papier. Ces renseignements nous viennent, quoiqu'indirectement, d'un fabricant de papier, anglais, qui dit que le principal convoi des dépêches *emmène tous les jours de Londres 4 à 5 wagons chargés de lettres, d'imprimés, etc.* En admettant 4000 kilog. par wagon, comme cela a lieu sur le chemin de fer d'Alsace, chaque wagon ne représenterait pas moins de 8 machines, soit 40 pour les 5 wagons, et cela pour Londres seulement. C'est presqu'incroyable. Il n'y a donc aucun doute, s'il en était ainsi, que cette mesure n'exerçât la plus grande influence sur notre industrie.

8e QUESTION. *Étudier les causes qui permettent à des pays rivaux, tels que l'Angleterre et l'Amérique du Nord, de tirer des matières premières de localités qui seraient bien plus à portée de la France.*

Il est vrai que l'Angleterre et l'Amérique du Nord tirent quelques chiffons de Smyrne, où une maison française a obtenu du gouvernement turc, le monopole exclusif pour quinze années, de la fabrication du papier mécanique et de la cueillette du chiffon.

Il paraît bien singulier que ces deux pays puissent tirer des matières premières d'une contrée qui, relativement à eux, est si rapprochée de la France. Quelques explications suffiront pour faire comprendre, qu'outre les difficultés qui s'opposent à ce que nous tirions des chiffons de cette source, nous ne trouverions aucun avantage à le faire.

Notre commerce maritime n'est pas dans une position aussi favorable que celui de l'Angleterre. Les navires anglais et américains qui amènent des houilles, prennent les chiffons comme lest, et chargent à bien meilleur marché que ne peuvent le faire les navires français. Cependant le transport par navire à voiles ne serait pas tellement élevé, qu'il fût un empêchement à ce qu'on tirât des chiffons de cette localité. Mais, y a-t-il nécessité de le faire, et y aurait-il grand avantage à le faire? Nous ne le pensons pas.

Nous disons qu'il y a en France des matières premières en quantité suffisante pour alimenter la papeterie; il n'y a donc pas nécessité. On l'a contesté. Certes, nous ne pourrions affirmer qu'il en est ainsi, mais c'est notre opinion: elle est basée sur des faits auxquels nous avons pris part; nous ajouterons même que nous sommes convaincu que, dans certaines localités éloignées de centres de production, il reste des chiffons sans emploi.

Les chiffons dont il est question, coûtent sur les lieux 25 francs les 100 kilog., mais sont de fort mauvaise qualité, et ne valent que les 2/3, à peu près, des nôtres. Nous comptons sur les nôtres 25 à 30 p. o/o de déchet, ceux-là doivent en présenter davantage. Prenez maintenant le 1/3 en sus de 25 francs, l'augmentation de déchet, le transport, ils nous reviendront au moins aussi cher, si ce n'est plus cher qu'en France. Il n'y a donc pas avantage.

On nous a demandé pourquoi les papiers fabriqués en Amérique avec ces chiffons, sont aux mêmes prix qu'en France. C'est: 1° parce que le transport pour l'Amérique étant meilleur marché, ils ne sont pas aussi chers pour les Américains que pour les Français; 2° parce que les Américains et les Anglais se procurent facilement et à bon marché des toiles à voiles, qui sont une excellente matière avec laquelle on les mélange.

L'Angleterre, qui a une production triple de la nôtre et une population moindre, et l'Amérique trouvent-elles dans leur intérieur assez de chiffons? Nous en doutons. Elles sont donc obligées de les tirer d'ailleurs, et l'Italie leur en fournit des quantités considérables. Autrefois on exportait des chiffons de France, mais depuis longtemps cet article est prohibé à la sortie. Si la France n'en trouvait pas assez dans son intérieur, elle serait nécessairement obligée de s'en procurer à d'autres sources; nous n'avons jamais entendu dire qu'on en tirât de l'étranger, sauf une seule exception. Il est vrai qu'à cet égard les renseignements positifs nous manquent, mais de tous ceux que nous avons recueillis, il résulte pour nous que la France doit pouvoir se suffire à elle-même.

Encore un mot à ce sujet: les quantités disponibles ne sont pas considérables, et alimenteraient à peine 25 à 30 machines; les Anglais ont l'habitude du marché de Smyrne, et si les acheteurs français s'y présentaient en concurrence avec eux, il est hors de doute que les prix, déjà très-élevés, par rapport à la qualité, augmenteraient encore.

En Egypte, les chiffons sont excessivement rares et aussi mauvais que possible. En Algérie, ils sont très-chers et nous ne pouvons songer à en tirer de ces contrées. Nous avons pris, à ce sujet, des informations précises, et l'on nous a dit que les chiffons blancs coûtent à Alger 32 à 33 fr. les 54 kilog. C'est presque aussi cher que les 100 kilog. en France.

9e Question. *Examiner la possibilité de suppléer aux chiffons de lin et de chanvre par d'autres substances.*

L'expérience a prouvé qu'on peut remplacer ces matières par d'autres substances, mais il faut d'abord examiner s'il y a avantage à le faire. Vous avez vu, Messieurs, du papier de paille, de foin, de tiges de pommes de terre, mais quel papier! On a essayé le bois, les feuilles de maïs, le bananier. Le bois ne saurait, à notre avis, être employé seul, et, comme mélange, ne serait avantageux que dans le cas où il reviendrait à meilleur marché que le chiffon. Or, il revient beaucoup plus cher. Il s'était formé un établissement, avec brevet, pour l'exploitation de la paille de maïs, il n'a pu continuer.

Tous les végétaux peuvent se convertir en pâte de papier, de plus ou moins bonne qualité; ces pâtes, ou bien reviennent trop cher, ou bien ne donnent pas un papier convenable. Le seul végétal qui remplacerait avantageusement le chiffon, comme qualité, serait le bananier.

Nous venons de lire un rapport fait à l'Académie des sciences à ce sujet. M. Roque, qui lui a soumis le résultat de ses expériences, ne nous apprend rien de nouveau. Nous avons vu, il y a quatre ans déjà, du papier de bananier, présentant un bel aspect de blancheur et de pureté, d'une qualité très-solide.

Mais il ne s'agit pas seulement de vaincre une difficulté ou de faire des expériences. Il n'est pas difficile de faire du papier de bananier, mais il est impossible de trouver du bénéfice à en faire. Cette matière est connue depuis longtemps, et aurait déjà été employée, surtout à l'époque où les chiffons étaient à un prix si élevé, si elle ne revenait au double du prix de la qualité de chiffons qu'elle devrait remplacer. On s'occupe généralement de la question scientifique, sans songer à la question industrielle. C'est beaucoup, sans doute, de découvrir un procédé nouveau, mais encore faut-il qu'il soit utile et applicable.

Les chiffons de chanvre et de lin deviennent plus rares; l'usage du coton, qu'on se procure à si bon marché, se répand tous les jours davantage. Les habitants de la campagne à leurs habits de toile font succéder ceux de laine, et il serait bon de trouver une matière qui remplaçât avantageusement celle qui nous manque tous les jours davantage. Nous croyons que le bananier remplirait ce but, mais il faudrait qu'il fût à meilleur marché.

Du reste, en combinant convenablement le coton, le lin et le chanvre, on peut produire un excellent papier, et jusqu'à ce que ces deux dernières matières manquent totalement, on leur trouvera probablement un équivalent. Peut-être aussi, se fera-t-il sur le bananier quelque essai en grand, et trouvera-t-on moyen, en exploitant bien le commerce de ce végétal, de le faire arriver en France, à des prix qui permettent de l'employer.

Nous sommes arrivé, Messieurs, à la fin de notre travail. Le malaise, nous croyons l'avoir établi, vient plutôt du désordre introduit dans la production par un accroissement trop subit, que de l'accroissement lui-même. La cherté des matières premières était venue aussi, plutôt d'un empressement mal calculé dans les achats, que d'un manque réel. Nous ne saurions donc trop le répéter, il faut, entre tous les fabricants, union, association; il faut surtout l'organisation dans la production. Que les fabricants ne le perdent pas de vue; qu'ils n'oublient pas que leur avenir dépend des efforts qu'ils feront pour l'améliorer, et que s'il ne se prêtent un mutuel appui, ils auront eux-mêmes hâté la ruine dont ils sont menacés.

RAPPORT

Fait par M. Henri Thierry, *au nom d'une commission spéciale, dans l'assemblée générale du* 31 *Mai* 1848, *sur un mémoire traitant de la situation de l'industrie du papier en France.*

Messieurs,

Votre programme des prix propose une médaille d'or, de la valeur de 500 fr. (prix fondé par M. Jean Zuber père), pour le meilleur mémoire traitant de la situation de l'industrie du papier en France, et des moyens propres à remédier à son état précaire actuel.

Un seul mémoire vous a été adressé, portant pour devise : *Le mal ne vient que faute de s'entendre.* Vous avez renvoyé ce mémoire à une commission spéciale, au nom de laquelle j'ai l'honneur de vous soumettre les conclusions suivantes.

Votre commission n'a pu qu'approuver l'ensemble du travail qui a été renvoyé à son examen. Le mémoire est écrit en parfaite connaissance de cause et forme pour ainsi dire le complément de celui qui vous a été adressé l'année dernière.

L'auteur a suivi l'ordre des idées émises par

votre programme. Il envisage d'abord l'industrie du papier sous le point de vue statistique, en comparant l'état antérieur de la fabrication et de la vente du papier à celui d'aujourd'hui; puis il met en regard la production et la consommation de l'étranger, afin de faire ressortir les avantages que pourrait nous offrir l'exportation.

Ces bases posées, il relate ce qui a déjà été tenté et essayé pour remédier à ce malaise général. Enfin, il indique en dernier lieu les moyens qui, d'après lui, seraient les plus propres à atteindre, en partie du moins, le but que l'on se propose.

Nous venons de le déclarer, nous sommes loin de contester le mérite réel du travail que nous analysons; toutefois, votre commission a trouvé qu'il y existe encore certaines lacunes. Nous croyons devoir les relever, dans l'intérêt de l'ouvrage même, que nous ne déséspérons pas de voir compléter par son auteur, quand il aura été à même de se procurer les documents qui ont pu lui manquer.

Votre programme a demandé des données statistiques positives et certaines, tant sur la production que sur la consommation de la France et de l'étranger. Nous avouons qu'il était difficile d'arriver à des chiffres bien exacts ; néanmoins, il y avait moyen d'être plus explicite en ce qui concerne des centres de fabrication tels que le Wurtemberg, la Prusse-Rhénane, etc., etc. Nous trouvons également que les points de comparaison avec d'autres pays et même entre les différents centres de la France, sont trop vagues. Il eût été bien intéressant d'établir la comparaison des prix de revient d'un pays à un autre, par rapport aux diverses conditions dans lesquelles les placent les charges qui pèsent sur la fabrication ; c'est en traitant à fond ces différentes questions que l'auteur était à même de prouver la justesse de son raisonnement, ou plutôt de son opinion, tendant à prouver : qu'en temps ordinaire la production du papier en France ne dépasse pas les besoins de la consommation ; que les matières premières se trouvent en quantité suffisante dans notre pays même et que tout le malaise provient uniquement d'une concurrence mal entendue que les fabricants se font entre eux.

La deuxième partie du mémoire relate ce qui a été tenté, en fait d'association entre tous les fabricants de France, pour la création d'une maison centrale à Paris, chargée de la consignation et de la vente de tous leurs produits. Ce projet, porté dans le temps à la connaissance de la majeure partie des fabricants, n'a pas eu leur approbation ; nous n'avons donc pas à nous en occuper. Il n'en est pas de même des heureux résultats obtenus par suite de l'entente et de l'accord qui existent maintenant entre les fabricants des départements de l'Est, pour arriver à régulariser les prix d'achat des matières premières qui leur sont nécessaires. — A notre avis, il y a là un grand pas de fait vers un large système d'association, sur lequel nous devons appeler l'attention des fabricants de la France entière. — Le mémoire qui nous occupe, ne renfermât-il que ce seul document, devrait encore être mis sous les yeux de tous, afin d'arriver à étendre cette mesure, si sage et si utile, à tout notre pays. — En effet, parvenir à poser des limites fixes et réciproquement convenables entre le marchand de chiffons et les fabricants, c'est déjà un immense progrès de fait, quand il s'agit d'une matière première comme celle en question, dont la production est limitée et ne saurait s'accroître, malgré une concurrence d'approvisionnement mal entendue, qui peut en faire doubler et tripler le prix d'achat.

Les mesures proposées en dernier lieu par l'auteur portent, toutes, le cachet du fabricant pratique et expérimenté ; il n'arrive pas, à la vérité, à formuler une mesure générale pouvant remédier au malaise, mais l'application et l'extension de ces mesures partielles parviendraient certainement à l'amoindrir. Entre autres, il appelle l'attention des fabricants sur l'avantage et l'intérêt qu'il y aurait à supprimer entièrement le travail des dimanches. Cette mesure, en elle-même si morale pour la classe ouvrière, permettrait au fabricant de veiller à l'entretien de son matériel et diminuerait d'une manière notable l'encombrement de la production. L'adoption de cette mesure devrait marcher de front avec l'organisation qui réglera l'achat des matières premières, et nous faisons des vœux pour que les efforts généraux qui peuvent être tentés à cet égard, soient couronnés d'un plein succès.

Par ce qui précède, vous devez comprendre, Messieurs, l'intérêt que votre commission a dû attacher au travail qui lui a été renvoyé ; si ce n'étaient les lacunes que nous avons signalées et que nous ne désespérons pas de voir disparaître dans un prochain traité, nous vous aurions proposé de délivrer à son auteur le prix fondé par M. J. Zuber père, en le retirant du concours. Toutefois, il nous paraît très-important que les faits consignés dans ce mémoire et les mesures qui y sont indiquées, soient portés à la connaissance des personnes intéressées; par conséquent, nous vous en proposons l'impression dans vos bulletins, suivie du présent rapport. Nous vous proposons également de décerner à l'auteur une médaille d'argent, à titre d'encouragement et d'approbation. Un tirage supplémentaire du mémoire se ferait en un nombre suffisant d'exemplaires, pour être envoyés à tous les fabricants de papier de France, afin de seconder, autant que nous le pouvons, les vues généreuses et désintéressées de l'auteur.

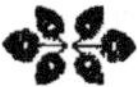

TABLE DES MATIÈRES.

Mulhouse, impr. de P. Baret.

www.ingramcontent.com/pod-product-compliance
Ingram Content Group UK Ltd.
Pitfield, Milton Keynes, MK11 3LW, UK
UKHW021644260726
13994UKWH00003B/1253